G. COURTELINE

LA PEUR DES COUPS

SAYNETTE EN UN ACTE

Représentée pour la première fois sur le théâtre d'Application
le 14 décembre 1894.

ILLUSTRATIONS DE FERNAND FAU

PARIS

G. CHARPENTIER ET E. FASQUELLE, ÉDITEURS

11, RUE DE GRENELLE, 11

1895

Tous droits réservés.

PERSONNAGES

Lui . . . . HENRI KRAUSS.

Elle. . . . . Mlle SUZANNE BERTY.

LA PEUR DES COUPS

DU MÊME AUTEUR :

Boubouroche, pièce en deux actes, en prose. Un franc.

LA PEUR DES COUPS

Une chambre à coucher sans grand luxe. Un lit de milieu, qui s'avance face au public. Près du lit, un petit chiffonnier. A gauche, une cheminée surmontée d'une glace et supportant une lampe qui brûle à ras de bec. Au milieu, un guéridon, avec buvard et écritoire. Chaises et fauteuils. — Il est sept heures du matin. L'aube naissante blêmit mélancoliquement dans les à-jour des persiennes closes. — Entrent, par la droite, l'un suivant l'autre :

ELLE, enveloppée jusqu'aux chevilles d'une silicienne lilas doublée en chèvre du Thibet. Nouée avec soin sous son menton, une capuche de Malines emprisonne son jeune visage, confisquant son front et ses cheveux ;

LUI, enfermé dans sa pelisse comme un burgrave dans son serment. Un chapeau à bords plats le coiffe. Il tient une allumette bougie dont le courant d'air de la porte écrase la flamme, puis l'éteint.

LUI

Flûte!

ELLE

Ne te gêne pas pour moi. Ça me contrarierait.

LUI, *qui depuis une demi-heure attendait le moment d'éclater* :

Toi, tu vas nous fiche la paix.

ELLE

Qu'est-ce qu'il y a encore ?

LUI

Tu m'embêtes.

ELLE

On t'a vendu des pois qui ne voulaient pas cuire ?

LUI

C'est bien. En voilà assez. Je te prie de me fiche la paix.

Un temps.

ELLE, *à part.*

Retour de bal. La petite scène obligée de chaque fois. Ah ! Dieu !...

Lui enflamme une allumette, va à la lampe dont il soulève le verre. Puis :

LUI, *à mi-voix :*

Ce n'est pas la peine. Il fait jour.

ELLE, *qui enlève sa mantille et sa pelisse et qui s'étonne de le voir rouler une cigarette.*

Eh bien, tu ne te couches pas ?

LUI

Non.

ELLE

Pourquoi?

LUI

Si on te le demande, tu diras que tu n'en sais rien.

ELLE

Comme tu voudras. (*A part.*) Prends garde que je commence. Prends bien garde.

Lui va et vient par la pièce, les mains aux reins, ruminant de sombres pensées. Des grondements

— Tu ne veux pas te coucher ?
— Non ?

rôdent dans le silence. Rencontre avec une chaise. Il l'empoigne, vient la planter à l'avant-scène, et l'enfourche, toujours sans un mot. Enfin :

LUI, *qui se décide à mettre le feu aux poudres :*
Eh bien, tu es satisfaite.

ELLE

A propos de quoi ?

LUI

Dame, tu serais difficile... Tu t'es assez..

ELLE

N'use pas ta salive, je sais ce que tu vas me dire. (*Très simple.*) Je me suis fait peloter.

LUI

Oui, tu t'es fait peloter !

ELLE, *assise près du lit et commençant à se dévêtir* :

Là ! — Oh ! je connais l'ordre et la marche. Dans un instant je me serai conduite comme une fille ; dans deux minutes tu m'appelleras sale bête ; dans cinq tu casseras quelque chose. C'est réglé comme un protocole. — Et pendant que j'y pense.. (*Elle va à la cheminée, y prend une poterie ébréchée qu'elle dépose sur un guéridon, à portée du bras de Monsieur.*) ...je te recommande ce petit vase. Tu l'as entamé il y a six semaines en revenant de la soirée de l'Instruction Publique, mais il est encore bon pour faire des castagnettes.

Monsieur, furieux, envoie l'objet à la volée à l'autre extrémité de la pièce.

ELLE

Tu commences par la fin ? Tant mieux. Ça modifiera un peu la monotonie du programme.

LUI, *se levant comme mu par un ressort* :

Ah ! assez ! Ne m'exaspère pas ! (*Un temps.*) T'es-tu assez compromise !...

ELLE, *à part.*

Sale bête, vous allez voir.

LUI, *les dents serrées.*

Sale bête !

ELLE, *à part.*

Ça y est.

LUI

Tu t'es conduite...

ELLE

Comme une fille.

— T'es-tu assez compromise?

LUI

Parfaitement. Ose un peu dire que ce n'est pas vrai? Ose-le donc un peu pour voir?... Il n'y a pas de danger, parbleu ! — Tu t'es couverte d'opprobres.

ELLE

Oui.

LA PEUR DES COUPS

LUI

Tu as traîné dans le ridicule le nom honorable que je porte!

ELLE

Navrante histoire! A ta place, j'en ferais une complainte.

LUI

Tu t'es compromise de la façon la plus révoltante!

ELLE

Oui, je te dis!

(*Elle va se poster devant la cheminée, et là, d'une main qui prend des précautions, elle cueille une large rose épanouie en la nuit, de ses cheveux.*)

LUI

Et avec un soldat, encore! Car à cette heure tu donnes dans le pantalon rouge. Ah! c'est du joli! c'est du propre! A quand le tour de la livrée?

ELLE, *debout devant la cheminée, en jupon et en corset.*

Toi, tu as une certaine chance que je t'aie épousé.

LUI

Pourquoi?

ELLE

Parce que si c'était à refaire...

LUI

Penses-tu que je n'en aie pas autant à ton service? Je te conseille de parler! Une femme dans ta position...(*Long regard ironique de Madame.*)... Oh! ne joues donc pas sur les mots. — .. se galvauder avec un pousse-cailloux!...

ELLE

D'abord, c'est un officier...

.....D'abord c'est un officier.

LUI

C'est un drôle, voilà ce que c'est!... Et un polisson!... Et un sot!... Et un goujat de la pire espèce!... Son attitude à ton égard a été de la dernière inconvenance. Il t'a fait une cour scandaleuse!

ELLE, *l'ongle aux dents.*

Pas ça!

LUI

Tu mens!

ELLE

Charmante éducation.

LUI

Tu mens!

ELLE, *agacée.*

Et quand je mentirais? Quand il me l'aurait faite, la cour, ce brin de cour autorisé d'homme du monde à honnête femme? Le grand malheur! La belle affaire!

LUI

Pardon...

ELLE

D'ailleurs, quoi? Je te l'ai présenté. Il fallait te plaindre à lui-même, au lieu de te lancer comme tu l'as fait dans un déploiement ridicule de courbettes et de salamalecs. Et « Mon capitaine » par ci, et « Mon capitaine » par là, et « Enchanté, mon capitaine, de faire votre connaissance ». Ma parole, c'était écœurant de te voir ainsi faire des grâces et arrondir la bouche en derrière de poule, avec une figure d'assassin. Tu étais vert comme un sous-bois.

(*Elle passe et revient vers le lit*).

LUI

Je...

ELLE

Seulement voilà : ce n'est pas la bravoure qui t'étouffe.

LUI

Je...

ELLE

Alors tu n'as pas osé...

LUI

Je...

ELLE

Comme le soir où nous étions sur l'Esplanade des Invalides à voir tirer le feu d'artifice, et où tu affectais de compter les fusées et de crier : « Sept !... Huit !... Neuf !... Dix !... Onze ! » pendant que je te disais tout bas : « Il y a derrière moi un homme qui essaie de passer sa main par la fente de mon jupon. Fais-le donc finir. Il m'ennuie. »

LUI, *jouant dans la perfection la comédie de l'homme qui ne comprend pas.*

Je ne sais pas ce que tu me chantes avec ton histoire d'esplanade ; mais pour en revenir à ce monsieur, si je ne lui ai pas dit ma façon de penser, c'est que j'ai cédé à des considérations d'un ordre spécial : l'horreur des scandales publics, le sentiment de ma dignité...

ELLE

...la peur bien naturelle des coups, et cœtera, et cœtera.

LUI, *brûlé comme au fer rouge, dans un hurlement de douleur :*

Tu es plus bête qu'un troupeau d'oies ! (*Rires de Madame.*) Ah ! et puis ne ris pas comme ça. Je sens que je ferais un malheur !... La peur des coups ! La peur des coups !

ELLE

Bien sûr oui, la peur des coups. Tu n'as pas de sang dans les veines.

LUI

C'est de moi que tu parles ?

.....Ne ris pas comme ça, je ferai un malheur...

ELLE

Non. Du frotteur.

LUI

Par exemple ; celle-là est raide ! Moi, moi, je n'ai pas de sang dans les veines ? En six mois de temps j'ai flanqué onze bonnes à la porte, et je n'ai pas de sang dans les veines ?... D'ailleurs c'est bien simple. Où est l'encre ? (*Il s'installe devant le guéridon, attire à soi un petit buvard de dame et en tire un ca-*

hier de papier). Je ne voulais pas donner de suite à cette affaire...

ELLE

Ça, je m'en doute.

LUI

...me réservant de dire son fait à ce monsieur le jour où je le rencontrerais. Mais puisque tu le prends comme ça, c'est une autre paire de manches. (*Il trempe sa plume dans l'encrier*). Je vas vous faire voir à tous les deux, à cet imbécile et à toi, si j'ai du sang dans les veines oui ou non et si je suis un monsieur qui a peur des coups. (*Il écrit.*)

ELLE

Ne fais donc pas l'intéressant. Tu sais très bien que tu n'as pas son adresse.

LUI *qui continue à écrire:*

J'ai son nom et le numéro de son régiment, le 31ᵉ dragon, caserné au quai d'Orsay. C'est suffisant et au-delà. (*Il paraphe sa lettre d'une arabesque imposante*). Pas de sang ! Pas de sang !... Ah ! Ah ! c'est du sang, qu'il te faut ? Eh bien, ma fille, tu en auras, et plus que tu ne le penses peut-être. Voilà un petit mot de billet dont je ne suis pas mécontent et qui n'est pas, j'ose le prétendre, dans un étui à lunettes. (*Il ricane.*) Qu'est-ce que tu attends ?

ELLE, *qui est demeurée silencieuse, la main tendue.*

La lettre, pour la faire mettre à la poste. Il est huit heures, la bonne est levée.

LUI, *après avoir clos l'enveloppe.*

Voici. (*Il lui tend la lettre, mais à l'instant où elle va la prendre, il la retire d'un brusque recul de la main et l'enfouit en la poche de son habit.*) Et puis, au fait, non. Je la mettrai moi-même à la boîte. Je serai plus sûr qu'elle arrivera.

— .....Je vais vous faire voir si j'ai peur.

ELLE

A Pâques.

LUI *étonné.*

A Pâques ?...

ELLE

Ou à la Trinité. Le jour ou M. Malbrought rentrera dans le château de ses pères.

LUI

De l'esprit ? Le temps va changer. (*Geste de madame.*) Il suffit. Tes insinuations en demi-teintes font ce qu'elles peuvent pour être blessantes, heureusement la sottise n'a pas de crocs. Ta perfidie me fait lever le cœur et ta niaiserie me fait lever les épaules ; voilà tout le fruit de tes peines. Là-dessus, tu vas me faire le plaisir de te taire, ou alors ça va se gâter. Je veux bien me borner, en principe, à remettre un goujat à sa place par une lettre plus qu'explicite, mais c'est à la condition, à la seule condition expresse, que la question sera tranchée et que je n'entendrai plus parler de lui. (*Indigné, les bras jetés sur la poitrine.*) Comment ! voilà un galapiat, un traineur de rapière en chambre, qui non seulement manquerait de respect à ma femme, mais viendrait par dessus le marché mettre la zizanie chez moi ? troubler la paix de mon ménage ? Oh mais non ! Oh ! mais n'en crois rien ! Donc, tu peux te le tenir pour dit : la moindre allusion à ce monsieur, la moindre ! c'est clair, n'est-ce pas ? et ce n'est plus une lettre qu'il recevrait de moi.

ELLE

Qu'est-ce qu'il recevrait ?

LUI *très catégorique.*

Mon pied.

ELLE

Ton pied ?...

LUI

Mon pied en personne, si j'ose m'exprimer ainsi.

ELLE *pouffant de rire.*

Pfff.

— Veux-tu que j'y aille de suite ?

LUI *qui saute sur son pardessus et l'endosse*
Veux-tu que j'y aille tout de suite ?

ELLE *froidement.*

Je t'en défie.

LUI *son chapeau sur la tête.*

Ne le répète pas.

ELLE

Je t'en défie.

LUI

Fais attention.

ELLE

Je t'en défie !

LUI

Pour la dernière fois, réfléchis bien à tes paroles. (*Solennel, la main sur son cœur.*) Devant Dieu qui me voit et m'entend, nous nagerons dans la tragédie si je passe le seuil de cette porte.

ELLE *courant à la porte quelle ouvre.*

Le seuil ? Le voilà, le seuil ! Et voici la porte grande ouverte.

LUI

Aglaé...

ELLE

Passe le donc, un peu ! Passe le donc, le seuil de la porte ! Non mais passe le donc, que je voie, et vas donc lui donner de ton pied, à ce monsieur.

LUI

Aglaé...

ELLE

Mais va donc, voyons ! Qu'est-ce qui te retient ? Qu'est-ce qui t'arrête ? Vas donc ! Vas donc ! Vas donc ! Vas donc !

LUI *jouant la stupéfaction.*

Tu me donnes des ordres, Dieu me pardonne ! « Vas

donc ! » dit Madame, « Vas donc ! » (*Retirant son paletot qu'il jette au dossier d'un siège*). C'est étonnant comme j'obéis ! (*Haussement apitoyé de l'épaule.*) En vérité, tu aurais dix ans de moins, je t'administrerais une fessée pour te rappeler au sentiment des convenances. Qui est-ce qui m'a bâti une morveuse pareille !... une gamine, on lui presserait le nez il en sortirait du lait, qui se permet de donner des ordres et de dire « Vas donc » à son mari !

— Le fait est qu'en parlant ainsi.

ELLE *installée près du lit et attaquant son pantalon.*
Le fait est qu'en parlant ainsi, j'ai perdu une belle occasion de garder pour moi des paroles inutiles.

LUI

Et tu en perds une seconde en émettant cette vérité d'une ambiguïté si piquante. Car, tu la juges telle, j'imagine.

ELLE

Trop polie pour te démentir.

LUI

Oui? Eh bien, j'ai le regret de t'apprendre que le jour où l'esprit et toi vous passerez par la même porte, nous n'attraperons pas d'engelures.

ELLE

Ce qui veut dire qu'il fera singulièrement chaud ?

LUI

Singulièrement chaud, oui, ma fille. (*Goguenard.*) Tu as cru que c'était arrivé ?

ELLE

Comment ?
(*Elle est revenue à la cheminée. En chemise, les pieds nus dans des mules, elle se prépare un verre d'eau sucrée.*)

LUI

Tu ne t'en es pas aperçue que je me moquais de toi ?

ELLE

Je l'avoue.

LUI

Tu ne t'es pas rendu compte que je mystifiais ta candeur ?

ELLE

Ma foi non.

LUI

Jour de Dieu ! comme dit Mme Pernelle, tu as de la naïveté de reste. Je t'en prie, laisse-moi rire ; c'est trop drôle. (*Il se pâme.*) Me voyez-vous ? non mais me voyez-vous, tombant à huit heures du matin dans un quartier de cavalerie, le camélia à la boutonnière, et tirant les oreilles à ce monsieur devant un escadron rangé en bataille ?...

ELLE

Ça ne manquerait pas de chic.

LUI

Comment donc!...

ELLE

Qu'est-ce qui t'empêche de le faire ?

LUI

Rien !... une niaiserie ! la moindre des choses.

ELLE, *qui se met au lit :*

Enfin, quoi ?

LUI

Moins que rien je te dis. Le sentiment du plus élémentaire devoir : le respect de l'uniforme français. Tu vois que ça ne valait pas la peine d'en parler.

ELLE, *couchée.*

Comprends pas.

LUI

Bien entendu. Un morveux d'officier m'outrage. Je ne lui casse pas les reins ; pourquoi ? — Parce que mon patriotisme parlant plus haut que ma violence me crie : « Ne fais pas ça, ce serait mal. Songe à la France qui est ta mère, et n'attente pas par un châtiment public au prestige de l'épaulette. » Je m'incline. Tu ne comprends pas. Si tu te figures que ça m'étonne !

— Parce que mon patriotisme me crie : Songe à la France !

ELLE

Cœur magnanime !

LUI

Tais-toi donc, vous êtes toutes les mêmes, fermées comme des portes de cachot à tout ce qui est grandeur d'âme, générosité naturelle et noblesse de sentiments.

Quelle race!... Oh! tu peux rigoler. Je suis au-dessus de tes appréciations. J'ai ma propre estime, qui me suffit, et toi du moins tu ne te plaindras pas de moi, Patrie, je fais passer tes affaires avant les miennes.

ELLE, *accoudée dans l'oreiller*:

Tu as raté ta vocation. Tu aurais dû te faire cabotin.

LUI

Blague, pendant que tu en as le temps. Tu ne triompheras pas toujours, car entre ce monsieur et moi ce n'est que partie remise.

ELLE

Ah! aouat!

LUI

Que je le repince, ce monsieur; qu'il me retombe jamais sous la main... je lui flanquerai une petite leçon de savoir-vivre qui lui ôtera l'envie d'en recevoir une seconde.

ELLE

Tu dis des bêtises.

LUI

Je lui referai une éducation, moi, à ce monsieur.

ELLE

Mais oui, mais oui.

LUI

Avec mon pied dans le derrière!

ELLE

C'est convenu.

LUI

Tu ne me crois pas?

ELLE

Je ne fais que ça.

LUI

Tu ne fais que ça, seulement tu n'en penses pas un mot. Eh bien! que je dégotte son adresse, j'irai lui dire comment je m'appelle, tu verras si ça fait un pli.

ELLE

C'est au point que si on te la donnait, tu irais le gifler de ce pas.

LUI

De ce pas.

ELLE

Homme intrépide!... — La veux-tu?

LUI

Quoi?

ELLE

Son adresse.

LUI

Tu as l'adresse de ce monsieur?

ELLE, *qui enfin éclate.*

Oui je l'ai! et puis tu m'assommes! (*Elle saute du lit, s'empare de son carnet de bal, qu'elle a déposé sur le chiffonnier, près du lit, et en feuillette les pages d'une main fiévreuse*). Et puis, oui, il ne me déplaît pas! et puis oui, il m'a fait la cour! et puis oui, il m'a dit de toi que tu avais une bonne tête de...

LUI

Une bonne tête de quoi?

....Et puis, oui, il m'a fait la cour.

ELLE

Une bonne tête..., une bonne tête..., tu sais parfaitement ce que je veux te dire...

LUI

Permets...

ELLE

Et puis oui, je suis une honnête femme... et puis

oui tu ne seras satisfait que quand je serais devenue autre chose ! et puis oui, il m'a remis sa carte ! et cette carte la voici ! et tu sais maintenant où le trouver, et tu peux y aller tout de suite, lui casser les reins à ce monsieur !

LUI, *formidable.*

Sa carte ! sa carte ! Je me fous de sa carte comme de lui-même, ce qui n'est pas peu dire. Tiens voilà ce que j'en fais, de sa carte : des confetti ! — Polisson ! Drôle !... qui a le toupet de donner son adresse à une femme mariée...

ELLE, *très sèche.*

Mais.

LUI

...et qui se permet de dire de moi que j'ai une bonne tête de !

ELLE, *qui se recouche.*

Si c'est son opinion.

LUI

Je l'en ferai changer avant qu'il soit l'âge d'un cochon de lait, et pas plus tard qu'à l'instant même. (*Même jeu de scène que précédemment. Il a couru à son pardessus qu'il a enfilé précipitamment. Il se coiffe de son chapeau.*) Qu'est-ce que j'en ai fait de cette carte ? (*Il fouille ses poches.*)

ELLE

Rue Grange-Batelière, 17.

LUI, *sourd comme un pot.*

Nom d'un chien je l'ai égarée!... Ces choses-là n'arrivent qu'à moi.

ELLE

Rue Grange-Batelière, 17.

— Il n'y a qu'à moi que ces choses-là arrivent.

LUI, *de plus en plus sourd :*

Il n'y a de veine que pour la canaille, on a bien raison de le dire.

ELLE

Rue Grange-Batelière, 17.

LUI

Quoi, rue Grange-Batelière? Quoi, rue Grange-Batelière? Est-ce que tu vas me raser longtemps avec la rue Grange-Batelière? (*Enlevant violemment son pardessus et son chapeau.*) D'abord qu'est-ce que c'est que ces façons d'élever la voix lorsque je parle et de causer en même temps que moi?

ELLE

Ce monsieur...

LUI, *qui bondit vers le lit.*

Ah! je t'y pince! (*Stupéfaction de madame.*) Tu voudrais détourner la question, fine mouche!

ELLE

Moi?

LUI

Je te prends la main dans le sac, flagrant délit d'impertinence; alors toi, tout de suite : « Ce monsieur ». Tu es rouée comme une potence; seulement voilà, ça ne prend pas avec moi, ces malices cousues de corde à puits.

ELLE, *au comble de l'énervement*:

Oh! oh! oh!

LUI

Pas une minute! fais-toi bien à cette idée-là. D'ailleurs, tout ça je sais de qui ça vient.

ELLE

Ça vient de quelqu'un?

LUI

Ça vient de ta mère.

ELLE, *abasourdie.*

Ça c'est un comble, par exemple!... Qu'est-ce que maman a à voir là-dedans?

LUI

Elle a à voir que si jamais elle remet les pieds ici, je la prends par le bras et je la flanque à la porte.

— Ah! je suis un monsieur qui a peur des coups!

ELLE, *qui fond en larmes.*

Hi! hi! hi!

LUI

Absolument. Et quant à toi, je te défends de retourner chez elle, ou c'est à moi que tu auras affaire.

(*Crise de sanglots de madame, qui s'effondre dans son oreiller.*)

LUI, *allant et venant par la chambre.*

C'est comme la bonne. En voilà une qui ne moisira pas ici. Je vas lui octroyer ses huit jours, le temps de compter jusqu'à cinq. Y a le chat, aussi, que j'oubliais ! une saloperie qui passe sa vie à aller faire ses ordures dans le porte-parapluie de l'antichambre. Il aura de mes nouvelles, le chat ; je vas le foutre par la fenêtre et nous verrons un peu s'il retombera sur ses pattes ! (*Se jetant les bras sur la poitrine.*) Non, mais enfin je vous le demande ; qu'est-ce que c'est qu'un monde pareil ? Tout ceci va changer. La mère, la fille, la bonne, le chat, je vais vous faire valser tous les quatre, ah là là ! Ah ! je suis un monsieur qui a peur des coups ! Ah ! je suis un monsieur qui a peur des coups !...

(*Grêle de coups de canne en travers du guéridon. Hurlements désolés de madame.*)

RIDEAU.

www.ingramcontent.com/pod-product-compliance
Lightning Source LLC
Chambersburg PA
CBHW060614050426
42451CB00012B/2251